Jobs fill your pockets,
adventures fill your
SOUL

.

MY TRAVEL
BUCKET LIST

Places I want to go

01 ☑	**06** ☐
02 ☐	**07** ☐
03 ☐	**08** ☐
04 ☐	**09** ☐
05 ☐	**10** ☐

MY TRAVEL BUCKET LIST

Places I've Visited

Places that I Want to Visit Again

DESTINATION 01

Target date / Duration

Traveling with…

Mode of travelling :

Places to Stay	Places to Visit
Places to Eat	Places to Shop

Transportation :

Accommodation :

Foods and drinks :

Entrance fees :

Shopping / souvenir :

Emergency / others :

COSTS & BUDGET

TOTAL COST :

TRAVEL CHECKLIST

Things to Prepare / Bring

1. _____ ☑
2. _____ ☐
3. _____ ☐
4. _____ ☐
5. _____ ☐
6. _____ ☐
7. _____ ☐
8. _____ ☐
9. _____ ☐
10. _____ ☐
11. _____ ☐
12. _____ ☐
13. _____ ☐
14. _____ ☐
15. _____ ☐
16. _____ ☐
17. _____ ☐
18. _____ ☐
19. _____ ☐
20. _____ ☐
21. _____ ☐
22. _____ ☐
23. _____ ☐
24. _____ ☐
25. _____ ☐
26. _____ ☐

TRAVEL CHECKLIST

Things to Prepare / Bring

1. _____ ☑
2. _____ ☐
3. _____ ☐
4. _____ ☐
5. _____ ☐
6. _____ ☐
7. _____ ☐
8. _____ ☐
9. _____ ☐
10. _____ ☐
11. _____ ☐
12. _____ ☐
13. _____ ☐
14. _____ ☐
15. _____ ☐
16. _____ ☐
17. _____ ☐
18. _____ ☐
19. _____ ☐
20. _____ ☐
21. _____ ☐
22. _____ ☐
23. _____ ☐
24. _____ ☐
25. _____ ☐
26. _____ ☐

ITINERARY

Date	Time	Places to Visit	How to get there

ITINERARY

Date	Time	Places to Visit	How to get there

ITINERARY

Date	Time	Places to Visit	How to get there

ITINERARY

Date	Time	Places to Visit	How to get there

FAVOURITE EXPERIENCE / MEMORY

FAVOURITE EXPERIENCE / MEMORY

_____

_____

_____

_____

_____

_____

_____

_____

_____

_____

_____

DESTINATION 02

Target date / Duration | Traveling with...

Mode of travelling :

Places to Stay	Places to Visit
Places to Eat	Places to Shop

Transportation :
Accommodation :
Foods and drinks :
Entrance fees :
Shopping / souvenir :
Emergency / others :

COSTS & BUDGET

TOTAL COST :

TRAVEL CHECKLIST

Things to Prepare / Bring

1. _____ ☑
2. _____ ☐
3. _____ ☐
4. _____ ☐
5. _____ ☐
6. _____ ☐
7. _____ ☐
8. _____ ☐
9. _____ ☐
10. _____ ☐
11. _____ ☐
12. _____ ☐
13. _____ ☐
14. _____ ☐
15. _____ ☐
16. _____ ☐
17. _____ ☐
18. _____ ☐
19. _____ ☐
20. _____ ☐
21. _____ ☐
22. _____ ☐
23. _____ ☐
24. _____ ☐
25. _____ ☐
26. _____ ☐

TRAVEL CHECKLIST

Things to Prepare / Bring

1. _____ ☑
2. _____ ☐
3. _____ ☐
4. _____ ☐
5. _____ ☐
6. _____ ☐
7. _____ ☐
8. _____ ☐
9. _____ ☐
10. _____ ☐
11. _____ ☐
12. _____ ☐
13. _____ ☐
14. _____ ☐
15. _____ ☐
16. _____ ☐
17. _____ ☐
18. _____ ☐
19. _____ ☐
20. _____ ☐
21. _____ ☐
22. _____ ☐
23. _____ ☐
24. _____ ☐
25. _____ ☐
26. _____ ☐

ITINERARY

Date	Time	Places to Visit	How to get there

ITINERARY

Date	Time	Places to Visit	How to get there

ITINERARY

Date	Time	Places to Visit	How to get there

ITINERARY

Date	Time	Places to Visit	How to get there

FAVOURITE EXPERIENCE / MEMORY

_____
_____
_____
_____
_____
_____
_____
_____
_____
_____
_____

FAVOURITE EXPERIENCE / MEMORY

_____
_____
_____
_____
_____
_____
_____
_____
_____
_____
_____
_____

DESTINATION 03

Target date / Duration

Traveling with...

Mode of travelling :

Places to Stay	Places to Visit
Places to Eat	Places to Shop

COSTS & BUDGET

Transportation :
Accommodation :
Foods and drinks :
Entrance fees :
Shopping / souvenir :
Emergency / others :

TOTAL COST :

TRAVEL CHECKLIST

Things to Prepare / Bring

1. _____ ☑
2. _____ ☐
3. _____ ☐
4. _____ ☐
5. _____ ☐
6. _____ ☐
7. _____ ☐
8. _____ ☐
9. _____ ☐
10. _____ ☐
11. _____ ☐
12. _____ ☐
13. _____ ☐
14. _____ ☐
15. _____ ☐
16. _____ ☐
17. _____ ☐
18. _____ ☐
19. _____ ☐
20. _____ ☐
21. _____ ☐
22. _____ ☐
23. _____ ☐
24. _____ ☐
25. _____ ☐
26. _____ ☐

TRAVEL CHECKLIST

Things to Prepare / Bring

1. _____ ☑
2. _____ ☐
3. _____ ☐
4. _____ ☐
5. _____ ☐
6. _____ ☐
7. _____ ☐
8. _____ ☐
9. _____ ☐
10. _____ ☐
11. _____ ☐
12. _____ ☐
13. _____ ☐
14. _____ ☐
15. _____ ☐
16. _____ ☐
17. _____ ☐
18. _____ ☐
19. _____ ☐
20. _____ ☐
21. _____ ☐
22. _____ ☐
23. _____ ☐
24. _____ ☐
25. _____ ☐
26. _____ ☐

ITINERARY

Date	Time	Places to Visit	How to get there

ITINERARY

Date	Time	Places to Visit	How to get there

ITINERARY

Date	Time	Places to Visit	How to get there

ITINERARY

Date	Time	Places to Visit	How to get there

FAVOURITE EXPERIENCE / MEMORY

_____
_____
_____
_____
_____
_____
_____
_____
_____
_____
_____
_____
_____

FAVOURITE EXPERIENCE / MEMORY

DESTINATION 04

Target date / Duration

Traveling with...

Mode of travelling :

Places to Stay	Places to Visit
Places to Eat	Places to Shop

COSTS & BUDGET

Transportation :
Accommodation :
Foods and drinks :
Entrance fees :
Shopping / souvenir :
Emergency / others :

TOTAL COST :

TRAVEL CHECKLIST

Things to Prepare / Bring

1. _____ ✓
2. _____ ☐
3. _____ ☐
4. _____ ☐
5. _____ ☐
6. _____ ☐
7. _____ ☐
8. _____ ☐
9. _____ ☐
10. _____ ☐
11. _____ ☐
12. _____ ☐
13. _____ ☐
14. _____ ☐
15. _____ ☐
16. _____ ☐
17. _____ ☐
18. _____ ☐
19. _____ ☐
20. _____ ☐
21. _____ ☐
22. _____ ☐
23. _____ ☐
24. _____ ☐
25. _____ ☐
26. _____ ☐

TRAVEL CHECKLIST

Things to Prepare / Bring

1.   ✓
2.
3.
4.
5.
6.
7.
8.
9.
10.
11.
12.
13.
14.
15.
16.
17.
18.
19.
20.
21.
22.
23.
24.
25.
26.

ITINERARY

Date	Time	Places to Visit	How to get there

ITINERARY

Date	Time	Places to Visit	How to get there

ITINERARY

Date	Time	Places to Visit	How to get there

ITINERARY

Date	Time	Places to Visit	How to get there

FAVOURITE EXPERIENCE / MEMORY

FAVOURITE EXPERIENCE / MEMORY

_____
_____
_____
_____
_____
_____
_____
_____
_____
_____
_____
_____

DESTINATION 05

Target date / Duration

Traveling with...

Mode of travelling :

Places to Stay	Places to Visit
Places to Eat	Places to Shop

Transportation :

Accommodation :

Foods and drinks :

Entrance fees :

Shopping / souvenir :

Emergency / others :

COSTS & BUDGET

TOTAL COST :

TRAVEL CHECKLIST

Things to Prepare / Bring

1. _____ ✓
2. _____ ☐
3. _____ ☐
4. _____ ☐
5. _____ ☐
6. _____ ☐
7. _____ ☐
8. _____ ☐
9. _____ ☐
10. _____ ☐
11. _____ ☐
12. _____ ☐
13. _____ ☐
14. _____ ☐
15. _____ ☐
16. _____ ☐
17. _____ ☐
18. _____ ☐
19. _____ ☐
20. _____ ☐
21. _____ ☐
22. _____ ☐
23. _____ ☐
24. _____ ☐
25. _____ ☐
26. _____ ☐

TRAVEL CHECKLIST

Things to Prepare / Bring

1. _____ ☑
2. _____ ☐
3. _____ ☐
4. _____ ☐
5. _____ ☐
6. _____ ☐
7. _____ ☐
8. _____ ☐
9. _____ ☐
10. _____ ☐
11. _____ ☐
12. _____ ☐
13. _____ ☐
14. _____ ☐
15. _____ ☐
16. _____ ☐
17. _____ ☐
18. _____ ☐
19. _____ ☐
20. _____ ☐
21. _____ ☐
22. _____ ☐
23. _____ ☐
24. _____ ☐
25. _____ ☐
26. _____ ☐

ITINERARY

Date	Time	Places to Visit	How to get there

ITINERARY

Date	Time	Places to Visit	How to get there

ITINERARY

Date	Time	Places to Visit	How to get there

ITINERARY

Date	Time	Places to Visit	How to get there

FAVOURITE EXPERIENCE / MEMORY

FAVOURITE EXPERIENCE / MEMORY

DESTINATION

06

Target date / Duration

Traveling with...

Mode of travelling :

Places to Stay	Places to Visit
Places to Eat	Places to Shop

Transportation :

Accommodation :

Foods and drinks :

Entrance fees :

Shopping / souvenir :

Emergency / others :

COSTS & BUDGET

TOTAL COST :

TRAVEL CHECKLIST

Things to Prepare / Bring

1. _____ ☑
2. _____ ☐
3. _____ ☐
4. _____ ☐
5. _____ ☐
6. _____ ☐
7. _____ ☐
8. _____ ☐
9. _____ ☐
10. _____ ☐
11. _____ ☐
12. _____ ☐
13. _____ ☐
14. _____ ☐
15. _____ ☐
16. _____ ☐
17. _____ ☐
18. _____ ☐
19. _____ ☐
20. _____ ☐
21. _____ ☐
22. _____ ☐
23. _____ ☐
24. _____ ☐
25. _____ ☐
26. _____ ☐

TRAVEL CHECKLIST

Things to Prepare / Bring

1. _____ ☑
2. _____ ☐
3. _____ ☐
4. _____ ☐
5. _____ ☐
6. _____ ☐
7. _____ ☐
8. _____ ☐
9. _____ ☐
10. _____ ☐
11. _____ ☐
12. _____ ☐
13. _____ ☐
14. _____ ☐
15. _____ ☐
16. _____ ☐
17. _____ ☐
18. _____ ☐
19. _____ ☐
20. _____ ☐
21. _____ ☐
22. _____ ☐
23. _____ ☐
24. _____ ☐
25. _____ ☐
26. _____ ☐

ITINERARY

Date	Time	Places to Visit	How to get there

ITINERARY

Date	Time	Places to Visit	How to get there

ITINERARY

Date	Time	Places to Visit	How to get there

ITINERARY

Date	Time	Places to Visit	How to get there

FAVOURITE EXPERIENCE / MEMORY

_____
_____
_____
_____
_____
_____
_____
_____
_____
_____
_____
_____

FAVOURITE EXPERIENCE / MEMORY

DESTINATION 07

Target date / Duration

Traveling with...

Mode of travelling :

Places to Stay	*Places to Visit*
Places to Eat	*Places to Shop*

COSTS & BUDGET

Transportation :
Accommodation :
Foods and drinks :
Entrance fees :
Shopping / souvenir :
Emergency / others :

TOTAL COST :

TRAVEL CHECKLIST

Things to Prepare / Bring

1. _____ ☑
2. _____ ☐
3. _____ ☐
4. _____ ☐
5. _____ ☐
6. _____ ☐
7. _____ ☐
8. _____ ☐
9. _____ ☐
10. _____ ☐
11. _____ ☐
12. _____ ☐
13. _____ ☐
14. _____ ☐
15. _____ ☐
16. _____ ☐
17. _____ ☐
18. _____ ☐
19. _____ ☐
20. _____ ☐
21. _____ ☐
22. _____ ☐
23. _____ ☐
24. _____ ☐
25. _____ ☐
26. _____ ☐

TRAVEL CHECKLIST

Things to Prepare / Bring

1. _____ ☑
2. _____ ☐
3. _____ ☐
4. _____ ☐
5. _____ ☐
6. _____ ☐
7. _____ ☐
8. _____ ☐
9. _____ ☐
10. _____ ☐
11. _____ ☐
12. _____ ☐
13. _____ ☐
14. _____ ☐
15. _____ ☐
16. _____ ☐
17. _____ ☐
18. _____ ☐
19. _____ ☐
20. _____ ☐
21. _____ ☐
22. _____ ☐
23. _____ ☐
24. _____ ☐
25. _____ ☐
26. _____ ☐

ITINERARY

Date	Time	Places to Visit	How to get there

ITINERARY

Date	Time	Places to Visit	How to get there

ITINERARY

Date	Time	Places to Visit	How to get there

ITINERARY

Date	Time	Places to Visit	How to get there

FAVOURITE EXPERIENCE / MEMORY

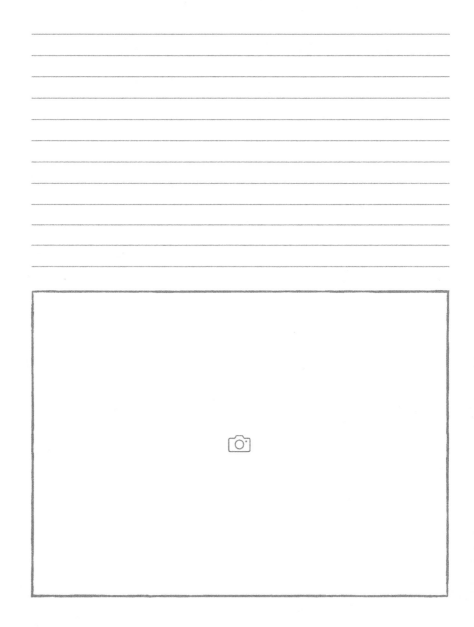

FAVOURITE EXPERIENCE / MEMORY

DESTINATION 08

Target date / Duration

Traveling with...

Mode of travelling :

Places to Stay	Places to Visit
Places to Eat	Places to Shop

COSTS & BUDGET

Transportation :

Accommodation :

Foods and drinks :

Entrance fees :

Shopping / souvenir :

Emergency / others :

TOTAL COST :

TRAVEL CHECKLIST

Things to Prepare / Bring

1. _____ ☑
2. _____ ☐
3. _____ ☐
4. _____ ☐
5. _____ ☐
6. _____ ☐
7. _____ ☐
8. _____ ☐
9. _____ ☐
10. _____ ☐
11. _____ ☐
12. _____ ☐
13. _____ ☐
14. _____ ☐
15. _____ ☐
16. _____ ☐
17. _____ ☐
18. _____ ☐
19. _____ ☐
20. _____ ☐
21. _____ ☐
22. _____ ☐
23. _____ ☐
24. _____ ☐
25. _____ ☐
26. _____ ☐

TRAVEL CHECKLIST

Things to Prepare / Bring

1. _____ ☑
2. _____ ☐
3. _____ ☐
4. _____ ☐
5. _____ ☐
6. _____ ☐
7. _____ ☐
8. _____ ☐
9. _____ ☐
10. _____ ☐
11. _____ ☐
12. _____ ☐
13. _____ ☐
14. _____ ☐
15. _____ ☐
16. _____ ☐
17. _____ ☐
18. _____ ☐
19. _____ ☐
20. _____ ☐
21. _____ ☐
22. _____ ☐
23. _____ ☐
24. _____ ☐
25. _____ ☐
26. _____ ☐

ITINERARY

Date	Time	Places to Visit	How to get there

ITINERARY

Date	Time	Places to Visit	How to get there

ITINERARY

Date	Time	Places to Visit	How to get there

ITINERARY

Date	Time	Places to Visit	How to get there

FAVOURITE EXPERIENCE / MEMORY

FAVOURITE EXPERIENCE / MEMORY

DESTINATION 09

Target date / Duration | Traveling with...

Mode of travelling : ✈ 🚌 🚐 🚆 🚗 🚢

Places to Stay	Places to Visit
Places to Eat	Places to Shop

COSTS & BUDGET

Transportation :
Accommodation :
Foods and drinks :
Entrance fees :
Shopping / souvenir :
Emergency / others :

TOTAL COST :

TRAVEL CHECKLIST

Things to Prepare / Bring

1. _____ ☑
2. _____ ☐
3. _____ ☐
4. _____ ☐
5. _____ ☐
6. _____ ☐
7. _____ ☐
8. _____ ☐
9. _____ ☐
10. _____ ☐
11. _____ ☐
12. _____ ☐
13. _____ ☐
14. _____ ☐
15. _____ ☐
16. _____ ☐
17. _____ ☐
18. _____ ☐
19. _____ ☐
20. _____ ☐
21. _____ ☐
22. _____ ☐
23. _____ ☐
24. _____ ☐
25. _____ ☐
26. _____ ☐

TRAVEL CHECKLIST

Things to Prepare / Bring

1. _____ ☑
2. _____ ☐
3. _____ ☐
4. _____ ☐
5. _____ ☐
6. _____ ☐
7. _____ ☐
8. _____ ☐
9. _____ ☐
10. _____ ☐
11. _____ ☐
12. _____ ☐
13. _____ ☐
14. _____ ☐
15. _____ ☐
16. _____ ☐
17. _____ ☐
18. _____ ☐
19. _____ ☐
20. _____ ☐
21. _____ ☐
22. _____ ☐
23. _____ ☐
24. _____ ☐
25. _____ ☐
26. _____ ☐

ITINERARY

Date	Time	Places to Visit	How to get there

ITINERARY

Date	Time	Places to Visit	How to get there

ITINERARY

Date	Time	Places to Visit	How to get there

ITINERARY

Date	Time	Places to Visit	How to get there

FAVOURITE EXPERIENCE / MEMORY

_____
_____
_____
_____
_____
_____
_____
_____
_____
_____
_____
_____
_____

FAVOURITE EXPERIENCE / MEMORY

DESTINATION 10

Target date / Duration

Traveling with...

Mode of travelling :

Places to Stay	Places to Visit
Places to Eat	Places to Shop

COSTS & BUDGET

Transportation :
Accommodation :
Foods and drinks :
Entrance fees :
Shopping / souvenir :
Emergency / others :

TOTAL COST :

TRAVEL CHECKLIST

Things to Prepare / Bring

1. _____ ☑
2. _____ ☐
3. _____ ☐
4. _____ ☐
5. _____ ☐
6. _____ ☐
7. _____ ☐
8. _____ ☐
9. _____ ☐
10. _____ ☐
11. _____ ☐
12. _____ ☐
13. _____ ☐
14. _____ ☐
15. _____ ☐
16. _____ ☐
17. _____ ☐
18. _____ ☐
19. _____ ☐
20. _____ ☐
21. _____ ☐
22. _____ ☐
23. _____ ☐
24. _____ ☐
25. _____ ☐
26. _____ ☐

TRAVEL CHECKLIST

Things to Prepare / Bring

1. _____ ☑
2. _____ ☐
3. _____ ☐
4. _____ ☐
5. _____ ☐
6. _____ ☐
7. _____ ☐
8. _____ ☐
9. _____ ☐
10. _____ ☐
11. _____ ☐
12. _____ ☐
13. _____ ☐
14. _____ ☐
15. _____ ☐
16. _____ ☐
17. _____ ☐
18. _____ ☐
19. _____ ☐
20. _____ ☐
21. _____ ☐
22. _____ ☐
23. _____ ☐
24. _____ ☐
25. _____ ☐
26. _____ ☐

ITINERARY

Date	Time	Places to Visit	How to get there

ITINERARY

Date	Time	Places to Visit	How to get there

ITINERARY

Date	Time	Places to Visit	How to get there

ITINERARY

Date	Time	Places to Visit	How to get there

FAVOURITE EXPERIENCE / MEMORY

_____
_____
_____
_____
_____
_____
_____
_____
_____
_____
_____

FAVOURITE EXPERIENCE / MEMORY

Made in the USA
Monee, IL
07 April 2022

94264797R00057